35
지하 세계로 끌려간 페르세포네

주니어RHK

신화의 가치

신화는 한 민족의 기원이나 역사적 · 종교적 · 문화적 삶의 모습을 보여 주는 옛이야기입니다. 주로 신과 영웅에 관한 이야기가 많고, 오랫동안 입에서 입으로 전해 내려왔다는 특징이 있지요.

우리가 살펴볼 그리스 로마 신화는 고대 그리스와 로마에 전해 오는 신화와 전설을 한데 묶은 것입니다. 그리스 로마 신화는 고대의 삶을 엿보게 해 주는 문화유산일 뿐만 아니라, 세계 여러 나라의 문학과 미술에 큰 영향을 끼쳤습니다. 하지만 문화적 가치만큼이나 중요한 것이 또 있습니다. 오래된 옛이야기이면서도 거기에 담긴 교훈적 가치가 오늘날에도 여전히 쓸모 있고 중요하다는 사실입니다.

놀랍지 않나요? 수천 년 전의 이야기가 어떻게 과학 문명이 고도로 발달한 오늘날에도 통하는 것일까요? 그것은 바로 그리스 로마 신화에 나오는 신과 영웅의 모습이 오늘날 우리의 모습과 다르지 않기 때문입니다. 신들도 우리처럼 분노하고, 질투하고, 실수를 하지요. 그런 모습을 보면서 우리는 깔깔 웃거나 눈물을 흘리고, 교훈과 감동을 얻습니다. 우리가 그리스 로마 신화를 읽어야 하는 까닭이 바로 이것입니다.

신화의 세계로 떠날 여러분에게 한마디 덧붙이자면, 신화는 우리에게 끝없는 상상력을 요구한다는 점입니다. 신화 속에는 수많은 은유와 상징이 곳곳에 널려 있지요. 따라서 신화를 읽을 때에는 상상력을 최대한 발휘하여 신화 속에 숨겨진 의미를 찾고, 그것을 자기 나름대로 재해석하는 과정이 필요합니다. 이렇게 읽었을 때에야 비로소 여러분 앞에 놀라운 삶의 이야기가 펼쳐질 것입니다.

자, 그럼 흥미진진한 신화의 세계 속으로 함께 떠나 볼까요?

지하 세계를 다스리는 무시무시한 하데스와

아름답고 사랑스러운 페르세포네.

아프로디테와 에로스는 이들의 운명을

하루아침에 바꾸어 놓습니다.

사랑에 눈이 먼 하데스, 원치 않은 사랑에 휘말린 페르세포네.

과연 이 둘의 운명은 어떻게 될까요?

주요 등장인물

데메테르

대지와 곡물, 농업의 여신으로,
인간들로부터 많은 존경을 받아요.
갑자기 사라져 버린 페르세포네를 찾으려고
세상 곳곳을 헤매요.

아프로디테

아름다움과 사랑의 여신으로,
올림포스의 여신들 가운데
가장 아름다운 여신으로 꼽혀요.
상대방의 마음을 잘 유혹하고
질투심이 많아요.

에로스

아프로디테의 아들로,
사랑의 신이에요. 신과
인간에게 화살을 쏘아
사랑이나 미움이 싹 트게
하는 능력이 있어요.

하데스

죽은 자들이 사는 지하 세계를
다스리는 신이에요.
어느 날 우연히 땅 위로 올라왔다가
페르세포네의 아름다움에 반해
그녀를 지하 세계로 납치해요.

페르세포네

데메테르의 딸로, 하데스에게
납치 당해 그와 결혼하고
지하 세계의 여왕이 돼요.
무서운 하데스와 달리
너그러운 마음을 지녔어요.

1
제우스와 거인 족의 싸움

“흥, 하늘과 바다, 지하 세계를 멋대로 나눠 가졌단 말이지?”

“건방진 것들 같으니라고!

형제들이여, 올림포스로 쳐들어가자!”

제우스의 아버지 크로노스에게는 *고민이 하나 있었습니다. 자신이 낳은 아이가 아버지를 무찌르고 왕이 될 것이라는 예언 때문이었지요. 두려움에 떨던 크로노스는 아이들이 태어날 때마다 곧바로 삼켜 버렸습니다.

크로노스의 부인 레아는 아이들이 아버지의 배 속에서 갇혀 자라는 게 가여웠습니다. 그래서 제우스를 낳았을 때에는 아이 대신 돌덩이를 포대기에 싸서 크로노스에게 건네주었습니다. 크로노스는 아무것도 모른 채 돌덩이를 삼켰습니다.

덕분에 무사히 자라난 제우스는 크로노스를 찾아가 배 속의

*고민 마음속으로 괴로워하고 애를 태움.

형제들을 모두 토해 내게 했습니다. 제우스와 형제들은 힘을 합쳐 크로노스와 크로노스의 형제들을 무찔렀습니다.

그러고 나서 그들은 세계를 나누어 다스리기로 했습니다. 하늘은 제우스가, 바다는 포세이돈이, 지하 세계는 하데스가 맡아 다스리게 된 것이지요.

하지만 제우스에게 불만을 품은 자들이 있었습니다. 바로 성질이 사납고 힘이 센 거인 족 기간테스였습니다.

"흥, 하늘과 바다, 지하 세계를 멋대로 나눠 가졌단 말이지?"

"건방진 것들 같으니라고! 형제들이여, 올림포스로 쳐들어가자!"

이렇게 해서 올림포스의 신들은 거인 족과 한바탕 전쟁을 벌이게 되었습니다. 아테나 여신은 갑옷과 방패로 *무장하고 제우스와 함께 벼락을 던졌습니다. 제우스의 아들 헤라클레스도 거인들을 무찌르는 일을 도왔습니다. 술의 신 디오니소스는 지팡이를 휘둘러 거인들을 쓰러뜨렸습니다.

*무장 전투에 필요한 장비를 갖춤. 또는 그 장비.

거인 족들은 하늘 높이 솟은 올림포스를 공격하려고 오사 산 위에 펠리온 산을 쌓기 시작했습니다. 그것을 본 제우스는 펠리온 산을 무너뜨리기로 마음먹었습니다.

기간테스와 신들의 싸움

가이아는 자식인 크로노스와 티탄 족을 무찌른 제우스에게 복수하기 위해 기간테스를 낳았다고 해요. 결국 기간테스는 올림포스의 신들을 상대로 전쟁을 벌여요. 기간테스와 신들 간의 전쟁을 '기간토마키아' 라고 부르는데, 많은 미술 작품의 주제로 등장한답니다. 거대한 몸집의 기간테스들과 올림포스의 주요 신들이 죄다 맞붙어 싸웠던 기간토마키아는 올림포스의 큰 사건이었어요.

"괘씸한 놈들. 신들에게 혼이 나야 정신을 차리겠군."

제우스는 펠리온 산을 향해 거대한 벼락을 던졌습니다. 벼락은 펠리온 산을 무너뜨렸고, 거인 족들은 모조리 산 아래에 파묻히고 말았습니다.

"드디어 올림포스에 진정한 평화가 찾아왔다!"

올림포스의 열두 신은 *한시름을 놓았습니다.

한편 산과 바위 밑에 깔린 거인 족은 불편하기 짝이 없었습니다.

***한시름** 마음에 걸려 풀리지 않고 남아 있는 큰 근심과 걱정.

"으, 너무 무거워!"

거인 족이 괴로움에 몸을 뒤척이자, 땅이 몹시 흔들렸습니다.

"푸후후후후후후……."

거인 족이 토해낸 한숨은 뜨거운 불기둥이 되어 산을 뚫고 나왔고, 그때마다 큰 소리와 함께 온 땅이 심하게 *요동쳤습니다.

*요동치다 심하게 흔들리거나 움직이다.

그 뒤로 사람들은 지진으로 땅이 흔들리거나 화산이 폭발하면, 거인 족인 기간테스들이 몸부림을 쳐서 그런 것이라고 생각하게 되었습니다.

2
하데스와 페르세포네

"페르세포네가 아무리 아름다워도 결국은 결혼을 하고,
누군가의 아내가 될 거야. 그럼 그 아름다움도 시들겠지."
"무슨 소리! 내 딸은 아무하고도 결혼 안 해."

“우앗! 깜짝이야.”

하데스는 침대에서 벌떡 일어났습니다. 조용하던 지하 세계가 또 시끄러운 소리와 함께 들썩이기 시작했기 때문입니다. 산 아래에 깔린 거인 족이 몸을 뒤척일 때면 지하 세계를 다스리는 하데스는 걱정이 이만저만이 아니었습니다.

“거인 녀석들, 정말 골칫덩어리군. 땅이라도 무너져 내려 지하 세계까지 피해를 입으면 어쩌려고…….”

하데스는 크로노스와 레아의 사이에서 태어났으며, 아들 중에서는 첫째로, 크로노스의 배 속에 들어갔다가 토해졌습니다. 그래서 제우스에게는 형인 동시에 동생이기도 하지요. 하데스는 머리와 수염을 덥수룩하게 길러 얼핏 보면 굉장히 무시무시해 보였습니다.

지하 세계의 왕 하데스

〈하데스〉 작가 미상

하데스는 지하 세계, 즉 저승인 타르타로스를 다스리는 신이에요. 죽음을 다스리는 신이다 보니, 사람들은 물론 신들도 하데스의 눈 밖에 날까 봐 그의 이름을 입 밖에 잘 꺼내지 않았다고 해요. 그래서 하데스라는 이름 대신 〈부유한 자〉라는 뜻인 '플루톤'이라는 별명으로 주로 불렀답니다.

하데스는 빛이 들지 않는 지하 세계를 좋아해서 땅 위로는 잘 올라가지 않았습니다. 그런데 이따금 거인들이 큰 소리를 낼 때면 상황이 어떻게 돼 가는지 보려고 땅 위로 올라가곤 했습니다.

"아무래도 불안해서 안 되겠군. 위에서 무슨 일이 벌어지는지 내 눈으로 확인하고 와야겠어."

거인 족 때문에 잠이 깬 하데스는 오랜만에 땅 위로 올라가 봐야겠다고 생각했습니다.

한편 땅 위의 엔나 골짜기에서는 페르세포네의 웃음소리가 울려 퍼지고 있었습니다. 페르세포네는 대지와 농업의 여신인 데메테르의 딸로 무척 아름다운 처녀였습니다. 페르세포네는 님프들과 함께 종종 엔나 골짜기를 찾아왔습니다. 엔나 골짜기는 꽃들이 잔뜩 피어 있어서 페르세포네가 무척 좋아하는 곳이었습니다.

"어머, 예뻐라. 이 꽃을 어머니께 갖다 드리면 좋아하시겠는걸."

페르세포네는 님프들과 함께 꽃을 꺾어 바구니에 담았습니다. 그런데 이 모습을 곱지 않은 눈길로 지켜보는 여신이 있었으니, 바로 아프로디테였습니다.

아름다운 처녀, 페르세포네

〈페르세포네의 정원에서〉 헨리 페인

데메테르의 아름다운 딸 페르세포네를 그린 그림이에요. 신화 속에는 아름다운 외모 때문에 다른 여신이나 사람들로부터 시기와 질투를 받는 여인들이 등장하지요. 사랑스럽고 아리따운 페르세포네 또한 미의 여신 아프로디테의 질투를 사게 되지요. 예나 지금이나 아름다운 외모를 갖고 싶어 하는 여인들의 마음은 똑같답니다.

'저 처녀가 페르세포네란 말이지.'

아프로디테는 평소 데메테르가 딸 페르세포네 자랑을 늘어놓는 것이 영 못마땅했습니다.

"내 딸 페르세포네는 이 세상 그 누구보다 아름다워."

"맞아요, 데메테르 님. 페르세포네보다 아름다운 처녀는 그 어디에도 없을 거예요."

다른 신들도 데메테르의 말에 *맞장구를 쳤습니다.

아프로디테는 아름다움의 여신인 자기를 *제쳐 두고 페르세포네의 아름다움을 칭찬하는 소리가 듣기 싫었습니다.

*맞장구 남의 말에 맞다고 의견을 표시하는 것.
*제치다 일정한 대상이나 범위에서 빼다.

"데메테르, 페르세포네가 아무리 아름다워도 결국은 결혼을 하고, 누군가의 아내가 될 거야. 그럼 그 아름다움도 시들겠지."

아프로디테의 말에 데메테르는 버럭 소리를 질렀습니다.

"무슨 소리! 내 딸은 아무하고도 결혼 안 해. 영원히 처녀로 남아 그 아름다움을 간직하도록 내가 보호할 테니까."

'데메테르, 네 말대로 될지 어디 두고 보자고.'

아프로디테는 뜻 모를 미소를 지으며, 엔나 골짜기에서 즐겁게 놀고 있는 페르세포네를 지그시 바라보았습니다.

3
사랑에 빠진 하데스

에로스는 활시위를 당겼습니다.
에로스가 쏜 화살은 바람을 가르며
하데스를 향해 날아갔습니다.

얼마 뒤, 아프로디테는 하데스가 땅 위로 올라오는 모습을 보았습니다.

"아니, 저게 누구야, 지하 세계 신 하데스 아니야?"

아프로디테가 뜻밖이라는 듯 말했습니다. 그러자 아프로디테 곁에 있던 아들 에로스가 하데스를 가리키며 말했습니다.

"저 신이 하데스라고요? 듣던 대로 정말 무시무시하군요. 온통 검은 털로 뒤덮인 저 얼굴 좀 보세요."

"그래. 같은 신이지만 나도 저자를 보면 온몸에 소름이 돋는단다. 지하에만 틀어박혀서 통 나오지 않더니 오늘은 어쩐 일이지?

게다가 *투구조차 안 쓰고 나왔구나."

하데스는 땅 위로 올라올 때면 항상 커다란 투구를 썼습니다. 투구를 쓰면 인간은 물론 신들도 하데스의 모습을 볼 수가 없었지요. 하지만 이날도 산 아래에 깔린 거인 족이 몸을 뒤척이는 바람에 서둘러 땅 위 사정을 살피러 올라오느라 하데스는 투구 쓰는 것을 깜박 잊고 말았습니다. 그래서 아프로디테의 눈에 금방 띄었던 것입니다.

*투구 옛날 군인이 전쟁에서 적의 화살이나 칼날로부터 머리를 보호하기 위해 쓰던 쇠로 만든 모자.

그런데 갑자기 아프로디테가 무릎을 탁 쳤습니다.

"에로스! 마침 좋은 생각이 났다. 건방진 데메테르의 딸 페르세포네와 *음침한 지하의 신 하데스, 저 둘을 맺어 주는 게 어떻겠니?"

"예? 페르세포네와 하데스를요?"

에로스는 깜짝 놀라며 아프로디테를 쳐다보았습니다.

"그래, 생각보다 아주 잘 어울릴 거야. 에로스, 네 화살로 이 엄마를 기쁘게 해 주렴. 너라면 저 둘을 맺어 줄 수 있겠지?"

아프로디테의 말이라면 무엇이든 따르는 에로스는 활을 들었습니다.

***음침하다** 분위기가 어두컴컴하고 무섭다.

"에로스, 하데스가 눈치채지 못하게 잘 맞혀야 해."

에로스는 *활시위를 당겼습니다. 에로스가 쏜 화살은 바람을 가르며 하데스를 향해 날아갔습니다.

놀라운 힘을 가진 에로스의 화살

에로스는 장난치는 걸 무척 좋아하는 신이에요. 에로스는 항상 활과 화살을 가지고 다녔는데, 사랑을 품게 하는 황금 화살과 미움을 품게 하는 납 화살 두 가지가 있었어요. 에로스는 그 화살을 맞은 사람의 마음에 사랑이나 미움을 불러 일으킬 수 있었지요. 한번은 에로스의 어머니 아프로디테가 에로스와 놀다가 황금 화살에 가슴을 찔립니다. 그 결과 아프로디테는 아도니스라는 청년을 보고 사랑에 빠지지요. 안타깝게도 아도니스의 죽음으로 사랑은 이루어지지 못했지만, 에로스의 화살은 사랑의 여신 아프로디테마저도 사랑의 열병을 앓게 만들었답니다.

***활시위** 화살이 날아갈 수 있도록 걸어서 당기는 줄.

"아얏!"

하데스는 갑자기 가슴이 따끔한 것을 느끼고는 외쳤습니다. 에로스가 쏜 화살이 정확하게 하데스의 심장에 꽂힌 것이었습니다.

"뭐, 뭐야. 왜 이렇게 가슴이 두근거리지? 갑자기 열도 나는 것 같고, 가슴이 온통 뜨거워."

하데스는 평소에 느껴보지 못한 이상한 기분에 당황스러웠습니다.

"왠지 기분이 이상하군. 얼른 땅 위를 돌아보고 지하로 돌아가야겠다."

하데스는 서둘러 걷기 시작했습니다.

“잘했어, 에로스! 역시 내 아들이야. 자, 이제 하데스가 가는 길을 지켜보기만 하면 되겠지?”

아프로디테는 재미있어 죽겠다는 표정으로 눈빛을 반짝였습니다. 하지만 에로스는 조금 걱정스러운 눈길로 하데스를 바라보았습니다.

마침내 하데스가 엔나 골짜기에 들어섰습니다. 울창한 숲을 지나 오솔길로 접어들려고 할 때였습니다. 갑자기 하데스의 눈앞에 하얀 백합을 꺾어 들고 환하게 웃고 있는 페르세포네가 나타났습니다. 페르세포네를 보는 순간 하데스는 마치 벼락이라도 맞은 것처럼 그 자리에서 꼼짝도 할 수 없었습니다. 하데스의 심장은 빠르게 쿵쾅거리기 시작했습니다.

'저렇게 아름다운 여인이 이 세상에 있다니! 저 여인 없이는 이제 단 하루도 살 수 없을 것 같다!'

하데스는 페르세포네를 지키던 님프들이 잠시 자리를 비운 틈을 타 페르세포네에게 다가갔습니다. 페르세포네는 자신을 향해 다가오는 하데스를 순진한 얼굴로 바라보았습니다.

페르세포네는 갑자기 나타난 험상궂은 사내에게 물었습니다.

"누, 누구세요?"

그러나 하데스는 호기심을 가지고 물어보는 페르세포네를 보자 더욱 심장이 뛰었습니다.

"나는 지하 세계의 왕 하데스요. 나와 함께 지하 세계 구경을 가지 않겠소?"

하데스는 최대한 다정한 목소리로 말했습니다. 페르세포네는 약간 겁이 났지만 여전히 아무런 의심이 없었습니다.

"지하 세계요? 하지만 어머니께서 제가 잠시라도 없어진 걸 알면 걱정하실 텐데요. 전 그만 가 보는 게 좋을 거 같아요."

고민하던 페르세포네가 돌아서자 하데스가 페르세포네의 허리를 감싸 안았습니다.

"어머, 왜, 왜 이러세요?"

"페르세포네, 난 당신이 없으면 오늘부터 단 하루도 살 수가 없소."

"예?"

페르세포네의 눈이 커다래지더니 이내 얼굴이 붉어졌습니다.

"하지만……. 그건 제 어머니도 마찬가지인걸요."

"그럼 잠시만 날 따라오시오. 지하 세계를 잠깐 구경만 하고 가면 되지 않겠소."

하데스는 그길로 영영 페르세포네를 데려갈 생각이었습니다.

그 사실을 알 길이 없는 페르세포네는 결국 하데스를 따라나서기로 했습니다.

'그래, 무서워 보이기는 해도 나빠 보이지는 않아. 잠깐 갔다가 금방 다시 오면 되지 뭐.'

하데스의 납치

〈페르세포네의 납치〉 로렌초 조반니 베르니니

에로스의 화살에 맞아 사랑에 눈이 먼 하데스는 무작정 페르세포네를 납치했어요. 왼쪽의 조각상을 자세히 들여다보면, 갑자기 나타난 하데스 때문에 두려워하는 페르세포네의 마음을 고스란히 느낄 수 있어요. 하데스 옆에는 머리 셋 달린 하데스의 충실한 개, 케르베로스가 울부짖고 있어요.

이윽고 하데스와 페르세포네는 퀴아네 강에 이르렀습니다. 퀴아네 강은 한 번 건너면 다시는 지상으로 돌아올 수 없는 강이었습니다. 이 사실을 알 리 없는 페르세포네는 하데스와 나란히 섰습니다.

4
지하 세계로

이윽고 페르세포네는 하데스의 거대한 궁전에 도착했습니다.

"이렇게 커다란 궁전에서 혼자 지내신다는 말인가요?"

"이제는 혼자가 아니오, 페르세포네. 나와 결혼해 주시오."

그런데 막상 강에 이르자 페르세포네가 두려움에 오들오들 떨었습니다.

어찌 된 일인지 깊고 넓게 흐르는 퀴아네 강이 길을 열어 주지 않고 하데스의 앞을 가로막았습니다. 하데스는 퀴아네 강을 향해 소리를 질렀습니다.

"감히 내 앞을 막아서느냐! 나는 지하 세계의 왕 하데스다! 제아무리 신이라도 내 앞을 막아선다면 깊고 어두운 저승, 타르타로스에 떨어져 영영 돌아오지 못할 것이다!"

그러자 머뭇거리던 퀴아네 강이 갈라지기 시작했습니다. 퀴아네 강을 다스리는 신은 페르세포네를 붙잡고 싶었지만, 하데스의

앞을 끝까지 막을 수가 없었습니다. 그만큼 지하 세계의 왕 하데스는 강력하고 두려운 신이었던 것입니다. 페르세포네와 하데스가 퀴아네 강으로 접어들려는 순간, 페르세포네의 머리 장식이 풀려 떨어졌습니다.

하데스는 더욱 세게 페르세포네를 붙잡았습니다. 페르세포네와 하데스는 퀴아네 강을 건너 드디어 지하 세계로 가는 길목에 들어섰습니다.

지하 세계에 온 하데스는 페르세포네를 즐겁게 해 주고 싶었습니다.

“페르세포네. 주변을 둘러봐요. 신기하고 재미있는 일이 많은 곳이라오.”

페르세포네는 지하 세계를 둘러보았습니다. 밝고 환한 땅 위의 세계와는 무척 달랐습니다.

“페르세포네. 여기는 나의 왕국이오. 무엇이든 내 말에 따라 굴러가는 세상이지.”

하데스는 페르세포네의 마음을 풀어 주기 위해 계속 이야기를 건넸습니다.

“여기 처음 오는 자들은 모두 겁을 낸다오. 그러나 그것도 잠시뿐이오. 여기서 지내다 보면 얼마나 편하고 좋은지 알게 된다오. 자, 조금만 기다리시오. 귀여운 강아지가 우리를 반겨줄 거요.”

“강아지요?”

귀여운 강아지라는 말에 페르세포네가 솔깃했습니다.

그들은 지하 세계로 가는 여러 개의 강을 건너 드디어 하데스가 머무는 지하 궁전에 도착했습니다. 궁전을 바라보던 페르세포네는 *소스라치게 놀랐습니다.

"꺄악! 괴물이야!"

그도 그럴 것이 궁전 앞에는 머리가 셋 달린 거대한 개가 이빨을 드러내고 있었습니다.

"케르베로스! 잘 있었느냐."

케르베로스는 낯선 페르세포네를 보고는 사납게 으르렁거렸습니다.

"케르베로스, 조용히 해. 이 궁전의 왕비님이 되실 분이란다. 공손하게 인사하렴."

"이 괴물이 바로 귀여운 강아지라는 말인가요?"

*소스라치다 크게 놀라 갑자기 몸을 떠는 것처럼 움직이다.

페르세포네가 하데스를 보며 물었습니다.

"페르세포네, 케르베로스는 말도 잘 듣고 귀여운 아이라오. 내 궁전을 지키고 서서 저승으로 들어오는 영혼들을 맞이하지. 단 내 허락 없이 나가려는 영혼은 절대 가만 두지 않소."

하데스의 충직한 신하 케르베로스

케르베로스는 하데스의 개로, 지하 세계를 지키면서 살아 있는 사람이 들어오지 못하도록 막는 괴물 중 하나예요. 특히 아무도 지하 세계를 빠져나가지 못하도록 철저하게 지킨답니다. 전체적으로는 개의 모습이지만, 머리는 세 개이고 꼬리는 뱀의 모습을 하고 있어요. 지하 세계의 입구에 묶여 있는 케르베로스는 힘이 세고 포악하기로 유명한 괴물 티폰의 아들로 오르트로스, 히드라와는 형제 사이예요.

이윽고 페르세포네는 하데스의 거대한 궁전에 도착했습니다.

"이렇게 커다란 궁전에서 혼자 지내신다는 말인가요?"

"이제는 혼자가 아니오, 페르세포네. 나와 결혼해 주시오."

하데스는 페르세포네를 보며 웃었습니다.

당황한 페르세포네의 얼굴이 붉어졌습니다.

'난 잠시 이곳에 놀러 온 것뿐인데…….'

5

페르세포네를 찾는 데메테르

그 어디에도 페르세포네의 모습은 보이지 않았습니다.

딸을 찾는 데메테르의 구슬픈 목소리가 온 세상에 울려 퍼졌습니다.

"페르세포네, 내 사랑하는 딸아, 대답 좀 해 보거라!"

한편 땅 위에서는 페르세포네의 어머니 데메테르가 딸을 찾아 이곳저곳을 헤매고 있었습니다.

"페르세포네! 페르세포네!"

데메테르는 페르세포네가 즐겨 찾던 엔나 골짜기뿐만 아니라 온 세상을 샅샅이 뒤졌습니다. 새벽의 신 에오스가 밤하늘을 밝힐 때에도 페르세포네를 찾는 데메테르의 모습이 보였습니다. 저녁 별 헤스페로스가 별들을 데리고 하늘에 나타날 때에도 데메테르는 페르세포네를 찾아다녔습니다. 그러나 그 어디에서도 페르세포네의 모습은 보이지 않았습니다. 딸을 찾는 데메테르의 구슬픈 목소리가 온 세상에 울려 퍼졌습니다.

"페르세포네, 사랑하는 내 딸아, 대답 좀 해 보거라!"

온 세상을 뒤지느라 지칠 대로 지친 데메테르는 길바닥에 주저앉았습니다. 뜨거운 태양이 내리쬐고, 거센 바람이 불었습니다. 어두운 밤이 되었다가 다시 새벽이 찾아왔습니다. 하지만 데메테르는 바닥에 주저앉아 바위처럼 꿈쩍도 하지 않았습니다. 먹지도, 마시지도, 말을 하지도, 잠을 자지도 않았습니다. 그저 살을 도려내는 것 같은 아픔에 정신을 잃고 죽은 듯이 지냈습니다.

'페르세포네야, 도대체 어디에 있느냐. 아, 살았는지 죽었는지 그것만이라도 알 수 있다면…….'

어느덧 아흐레가 지났습니다. 데메테르는 불현듯 정신을 차렸습니다.

'내가 이러고 있을 때가 아니지. 기운을 내서 내 딸을 찾고야 말겠다. 무슨 일이 있어도 페르세포네를 찾아내고 말 테야.'

데메테르는 두 주먹을 불끈 쥐고 사랑하는 딸을 찾으러 다시 길을 떠났습니다.

데메테르는 온 세상을 헤매 다녔습니다. 바다를 헤치고, 강을 건너고, 이 땅 저 땅을 둘러보았습니다. 그 어디에서도 페르세포네의 모습은 찾아볼 수 없었습니다. 이윽고 데메테르는 처음 길을 떠났던 지점으로 되돌아오게 되었습니다.

데메테르는 퀴아네 강가에 이르렀습니다. 그곳은 하데스가 페르세포네를 데리고 지하 세계로 내려간 곳이었습니다.

신화 뒷이야기

인간에게는 풀리지 않는 커다란 수수께끼 두 가지가 있습니다. 하나는 이 세계가 어떻게 만들어졌는가, 또 하나는 죽은 뒤의 세계는 과연 어떤 곳인가 하는 점입니다. 세계가 어떻게 만들어졌는가라는 의문은 현대에 들어 여러 가지 과학적 사실이 밝혀지면서 점차 풀리고 있지만, 죽은 뒤의 세계는 아직도 풀리지 않는 미지의 영역입니다. 신화에는 이러한 죽은 뒤의 세계에 대한 이야기가 담겨 있습니다.

하데스가 다스리는 지하 세계 '타르타로스'도 죽은 뒤의 세계에 대한 이야기 중 하나입니다. 머리 셋 달린 케르베로스가 지키는 '타르타로스'는 산 자와 죽은 자가 자유롭게 드나들지 못하는 엄격한 곳입니다. 메소포타미아의 고대 수메르인들도 죽어서 들어가면 영영 나오지 못하는 '쿠르'라는 곳이 있다고 믿었습니다. 고대 유대 민족은 죽은 뒤의 세계를 '셰올'이라고 불렀습니다. 무덤이라는 뜻의 '셰올' 은 음침하고 추운 곳으로 여겨졌습니다.

재미있는 사실은 세계 여러 나라의 신화와 종교가 표현하는 죽은 뒤의 세계 모습이 비슷하다는 것입니다. 페르세포네가 음침하고 어두운 지하 세계를 보고 겁을 먹었던 것처럼 죽은 자의 세계는 항상 두려움의 대상으로 표현되었습니다. 하나의 이야기에서 여러 신화가 갈라져 나왔기 때문이기도 하지만, 알 수 없는 것에 대한 공포가 죽은 뒤의 세계를 모두 비슷하게 그려 낸 것일지도 모릅니다.

그렇다면 여러 신화와 전설에는 왜 빠짐없이 죽은 뒤의 세계가 등장하는 것일까요? 신화는 인간이 풀 수 없는 수수께끼를 둘러싼 상상력으로 넘쳐납니다. 신화에 등장하는 사후 세계 또한 그러한 풍부한 상상력이 구체적으로 그려진 것입니다. 신화에는 이렇게 인간의 상상력으로 가득 찬 흥미진진한 요소들이 풍부하게 들어 있습니다.

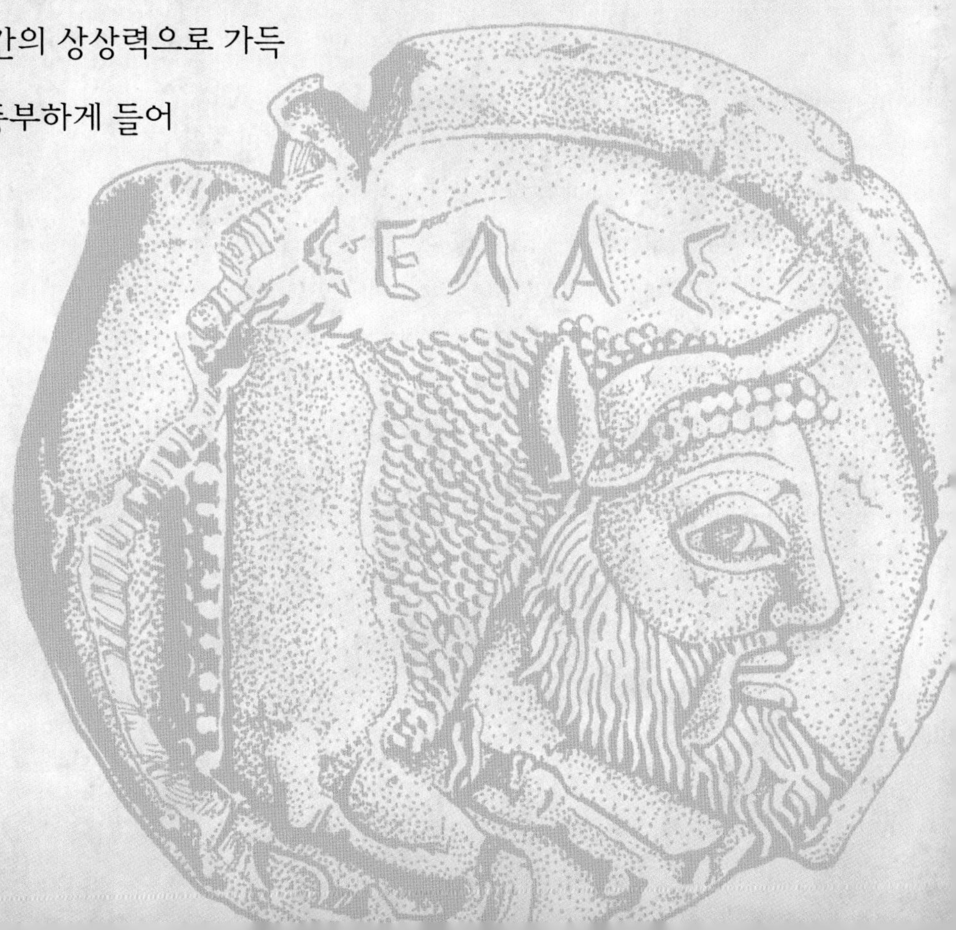

올림포스 신들의 계보

크로노스 + 레아
하데스
지하 세계의 왕
포세이돈
바다의 신
제우스
신들의 왕
헤라
신들의 여왕,
제우스의 아내
헤스티아
난로 · 불의 여신
데메테르
대지의 여신
아테나
지혜 · 전쟁의 여신
제우스 + 메티스
아폴론
의술 · 음악의 신
제우스 + 레토
아르테미스
사냥 · 순결의 여신
아스클레피오스
의술의 신
아레스
전쟁의 신
제우스 + 헤라
헤파이스토스
대장간의 신
제우스 + 디오네
아프로디테
헤파이스토스의 아내,
미의 여신
에로스
사랑의 신
헤르메스
신들의 전령,
상업의 신
제우스 + 마이아
디오니소스
술의 신
제우스 + 세멜레
페르세포네
하데스의 아내
지하 세계의 여왕
제우스 + 데메테르

⚜ 그리스 로마 신화 주요 인물의 이름 ⚜

그리스 어	로마 어	영어
가이아	텔루스	
니케	빅토리아	나이키, 빅토리
데메테르	케레스	세레스
디오니소스	바쿠스	바커스
레아	키벨레	시벨레
아레스	마르스	마스
아르테미스	디아나	다이애나
아테나	아테네, 미네르바	
아폴론	아폴로	아폴로
아프로디테	베누스	비너스
에로스	쿠피드, 아모르	큐피드
오디세우스	울릭세스	율리시스
우라노스	카일루스	유러너스
제우스	유피테르	주피터
크로노스	사투르누스	새턴
페르세포네	프로세르피나	
포세이돈	넵투누스	넵튠
하데스	플루톤	플루토
헤라	유노	주노
헤라클레스	헤르쿨레스	허큘리스
헤르메스	메르쿠리우스	머큐리
헤스티아	베스타	
헤파이스토스	불카누스	벌컨

그리스 로마 신화 올림포스 가디언 35

지하 세계로 끌려간 페르세포네

펴낸이 양원석
펴낸곳 ㈜알에이치코리아
등록 2004년 1월 15일 제2-3726호
주소 서울특별시 금천구 가산디지털2로 53, 20층 (한라시그마밸리)
문의전화 02)6443-8800

ISBN 978-89-255-4413-7(74800)
ISBN 978-89-255-4354-3(세트)

값 **12,800원**

원작 만화로 보는 그리스 로마 신화(가나출판사)
이광진 엮음, 홍은영 그림
명화 구입처 유로크레온(주)